TRAITÉ

DES DEUX IMPERFECTIONS

DE

LA LANGUE FRANÇOISE.

Une prononciation incertaine! Nècessité de la fixer. L'impossibilité de trouver la prononciation par l'ècriture! Moyens de l'indiquer sans toucher à l'ortographe.

A PARIS;

Chez {
MERIGOT pere, Quai des Augu-
stins, près la rue Gît-le-Cœur.
Et LAMBERT, rue de la Comédie.

M. DCC. LIX.

Avec Aprobation & Privilege du Roi

DES DEUX IMPERFECTIONS

DE LA

LANGUE FRANÇOISE.

Eux choſes contribuent à la perfection d'une langue : l'expreſſion, & le ſon. La premiere eſt un tableau qui reprèſente au naturel les opèrations de l'ame : la ſeconde eſt le ſon de la parole qui en fait l'accompagnement. L'expreſſion a ſes nuances : le ſon a les ſiennes. Dans un portrait la juſteſſe des traits de l'objet reprèſenté en fait le mérite, & l'aſſortiment des couleurs en eſt la beauté.

Je n'entreprens point ici l'èloge de l'ordre des expreſſions de la Langue françôiſe, lequel reprèſente plus naturellement qu'aucune langue celui qui s'obſerve dans les opèrations de l'ame. L'image de cet ordre eſt ſi naturelle en françois, que ſans ètude & ſans fatigue l'eſprit ſe communique à l'eſprit : & ſans une recherche péni-ble on ſaiſit d'abord ce que l'on a conçû, & ce qu'on veut dire.

Je n'entreprens point non plus l'éloge des nuances des expreſſions de la Langue françôiſe. Fille de la latine elle en a l'énergie ſans ſe mettre à la torture, & la majeſté ſans contrainte : elle en a le faſte ſans oſtentation : le brillant ſans jeu de mots, & la préciſion ſans obſcurité. La fille décemment voilée a plus de pudeur que ſa mere. Moins ancienne que ſes ſœurs, elle n'en a ni la fierté, ni la dureté, ni le gazouillement, ni l'enfantillage. Comme puinée elle eſt chérie & recherchée ; on l'aime, on la déſire, & c'eſt à qui la poſſedera. Tous les jours on l'embellit, & elle acquiert de nouveaux charmes.

La parle-t-on ? C'eſt avec un aſſortiment de nuances, lequel eſt ſans égal. Etant de toutes les langues la plus riche & la plus féconde en ſons, elle répand artiſtement cette agreable variété qui ſéduit.

Mais à travers toutes ces beautés, l'on y remarque deux étranges imperfections. La premiere eſt une prononciation incertaine & variable qui n'eſt point fixée par tout. L'autre eſt l'impoſſibilité de trouver par l'écriture la prononciation.

PREMIERE IMPERFECTION.

La premiere imperfection ne roule à la

vérité que sur quelques mots ; mais ils se présentent si fréquemment, qu'on les croiroit en bien plus grand nombre. C'est ce peu de mots qu'il importe de fixer la prononciation. A qui la commission en est-elle réservée ? A Messieurs de l'Académie françôise. Ils n'ont été établis que pour s'opposer au caprice de la nation, arrêter les progrès des fleaux de la nouveauté, & servir de guide au torrent de l'inconstance.

On passe à notre nation de changer les modes ; aux Dames de les diversifier, & à chaque événement de prendre une nouvelle coeffure pour en marquer l'époque ? Varier la parure, c'est imiter la nature. Nous voyons des fleurs changer de couleurs. Cette variété est un effet des thrésors inépuisables de la nature pour étaler ses nuances, & par de nouvelles productions flater les sens, dont la gaieté se ranime par de nouveaux charmes ; au lieu qu'une même tissure les jetteroit dans l'abattement. L'art a aussi ses ressources. Mais de la prononciation françôise en faire une prétentaille & un colifichet, c'est dégrader la langue que de concourir à de si frivoles complaisances ? C'est s'afficher & se donner en spectacle à toutes les

A iij

nations, qui ne peuvent avoir qu'une idée
defavantageufe de celle qui fe prète fi
lègérement , qui n'a rien de fixe dans
fa langue , & qui la prononce fans aucun point d'apui.

Une prononciation fixe & uniforme,
eft ce qui manque à notre langue, &
c'eft à quoi il importe de travailler. La
chofe une fois exécutée , il importera
peu que l'on cree de nouveaux mots ,
pourvû qu'ils foient fignificatifs , & lé-
gitimés par l'Académie. Si c'eft un nom
ou un verbe nouveaux ; le premier fui-
vra les régles des dèclinaifons : le fe-
cond celle des conjugaifons : ainfi tout
fera dans l'ordre, chacun fe verra obligé
de le fuivre & de s'y conformer.

Pour fixer la prononciation, dèfions-
nous d'un expédient fpécieux. Dans le
doûte, dit-on , de la quantité d'un mot
ou d'une fyllabe, il faut recourir à la
mufique , faire chanter le mot, & par
l'apui que fera le Muficien fur la fyllabe
douteufe , la juger longue.

Ce moyen eft trompeur , puifqu'on
peut faire un apui fur une brève comme
fur une longue : cela fe montre fans rèplique dans le chant de l'Eglife, où l'on
fait des apuis fur des fyllabes brèves fans
changer la quantité qui s'y obferve exacte-

ment. Comme : *Dixit Dominus Domino me o : sede à dextris me is*. L'apui de la médiante, & de la finale tombe sur des brèves au huitieme tôn Romain.

Ce n'est donc pas aux Musiciens de fixer la quantité, mais aux Grammairiens, & c'est d'eux que les Musiciens en doivent prendre les regles, & non les Grammairiens des Musiciens. Ces derniers ont droit de fixer l'apui & le repos conformément aux regles de leur art ; mais avec l'apui ou le repos on doit toujours observer la quantité dont le Musicien n'est point l'arbitre.

Au surplus il faut bien se garder de parler comme on chante. Les Musiciens ouvrent tout à fait la bouche pour articuler distinctement ; & cela très-lentement ; parce que le chant rend un son qui dure plus que celui de la parole : car si l'on chantoit aussi vîte que l'on parle, le son de la derniere parole, ou de la derniere syllabe, ne se pouroit faire entendre, si l'on commençoit un autre mot avant que ce premier son fût à sa fin.

Si dans la conversation on doit éviter la prononciation du discours grave & soutenu, on doit éviter dans un discours oratoire celle du Musicien & du theatre ; parce qu'il est autant ridicule d'être Comédien que pédant.   A iiij

Mais est-il dècent de prononcer en chaire comme dans les spectacles ? A cela je rèponds : l'écriture & la parole font les deux tableaux de l'ame, c'est par eux qu'elle manifeste ses idées ; si le texte sacré mis dans le stile à la mode a eu des censeurs, la prononciation affectée en fera-t-elle exempte ?

La Langue françôise dont la plûpart des mots & des syllabes font terminés par des consonnes, ou par des e muets, n'est pas si sonore que la Langue italienne, dont les finales frapent presque toutes fur des voyelles, ce qui la rend extrèmement sonore ; & qui lui donne dans le chant un tel avantage fur la nôtre, que de deux Cantates d'égale mesure, & nottées de même, l'une italienne, & l'autre françôise, quoique chantées par un Muficien italien, la premiere s'èxécutera avec une harmonie dont la françôise n'approchera jamais.

Il y a des voyelles plus sonores les unes que les autres, comme : *a*, *o*, c'est pourquoi les françòis ont inventé l'*e* ouvert qui tient un milieu entre le son de l'*e* & de l'*a*. Le françòis cherche tellement à rendre fa langue sonore, qu'il y a des voyelles jointes à certaines confonnes, dont il change le fon, pour prendre ce

lûi d'une voyelle plus fonnante, comme :
l'*e* joint à *m* & *n*, lequel fe prononce
fur l'*a*.

Ainfi ayant quatre *e* différens en fon,
notre langue a cette fupériorité fur les
autres, qu'elle affortit plus agreablement
les nuances des fons. C'eft cet agreable
affortiment, joint à une prononciation
courte & vive, qui flate l'oreille & qui
féduit l'ètranger.

Ces fons brefs qui font tempèrés par
des fons un peu plus lents, doivent fixer
l'attention des gens de goût qui travail-
lent à régler la prononciation françôîfe :
fans toutefois affecter des fons trop lènts
& trop languiffans, lefquels énervent la
beauté d'une langue, qui veut être proportionnée au génie d'une nation vive.

Ces fons languiffans fe remarquent
dans la prononciation des *a*, que l'on a
affecté depuis peu de prononcer d'une façon mauffade & defagreable. L'*a* long
dans un difcours grave françòis, ne doit
fe prononcer autrement qu'il fe prononce
dans un difcours latin foutenu. Ainfi l'on
ne doit pas traîner en françòis fur les *a*
de médi *ta* tion, confé *cra* tion, confir-
ma tion, plus que fur ceux des mots latins *medi* tà *tio*, *confe* cra *tio*, *confir-*
ma tio; car on peut prononcer auffi vîte

un *a* long qu'un bref, & obferver la quantité de l'un & de l'autre.

Il faut encore fe dèfier des diffèrentes conftitutions qui nous affectent, &
ne pas faire obeir la prononçiation aux
humeurs diffèrentes. Ceux qui font affectés d'un rempèrament flegmatique aiment les fons lents. Ceux qui ont le tempèrament vif cherchent la brièveté des
fons. Les premiers prononcent les monofyllabes *les, des, mes,* comme s'ils ètoient
ècrits *laids , dais , mais.* Les autres en
font des *e* muets, & ils prononcent *m'zenfans, d'zen* fans, *l'zen* fans. C'eft dans
de pareilles rencontres qu'il faut tempèrer les fons , en ne prononçant pas
l'*e* trop ouvert , & ne l'élidant pas non
plus. Ces *e* doivent tenir un milieu entre l'ouvert & le fermé. C'eft-là cette
prononçiation mitigée qu'il importe de
bien faifir. Un principe conftant eft , que
pour élider un *e* , il faut nèceffairement
qu'il fe puiffe prononcer fur l'*e* françois.
Comme : *de , le , me.* Ainfi dans *quèrelle* & *què* relleur , l'*e* n'eft pas muet ,
mais il eft bref ; d'où il fuit que l'on
ne doit prononcer *q'rel* le ni *q'rel* leur.

C'eft la prononçiation douteufe de ces
mots , fur laquelle on trouve les Auteurs partagés , qu'il s'agit de fixer , en.

ne s'écartant point des principes généraux de la vraie prononciation, en gar-
dant le juste milieu des sons vifs & tempé-
rés ; observant en outre de ne confondre
pas la mode avec l'usage : ce dernier
fait loi dans les langues ; mais la mode
qui varie comme le tems, n'y doit être
en aucune considération.

N'oublions pas de mettre au nombre
des principes généraux l'ordre qu'on a
tenu dans la dénomination des lettres de
l'alphabet, dont les unes se prononcent
longues, les autres brèves, & cela par
toutes les nations. La voyelle précédée
de la consonne, comme : *b, c, p, t, k*
se prononce longue ; au lieu que mise
avant la consonne elle se prononce brève,
comme : *f, l, m, n, r, s, x*. C'est en
conséquence de ce principe, que les françois dans l'ortographe redoublent la consonne, afin d'indiquer que la voyelle
qui précéde la première consonne se prononce brève, comme : *ap* prendre, *hom* me,
rai son ne, &c. Dans notre dissertation
de la découverte des soixante & dix consonnes, on peut voir l'explication de l'ordre mistérieux de l'alphabet.

C'est en conséquence de ce principe,
que les françois ont établi l'e muet après
une consonne, comme *per* e, *mer* e, afin

d'indiquer que dans *per* & *mer* la voyelle *e* se prononce longue, au lieu que sans l'*e* muet elle se prononceroit brève. C'est par le moyen de l'*e* muet, que les *j* & les *v* consonnes se prononcent après les voyelles, comme ai-*je*, & ra *ve*, & que le *c* & le *g* se prononcent doux après les voyelles, comme prèco *c* e, élo *g* e, sans quoi l'on prononceroit dur prè *c* oc, élo *g*.

La nuance des sons n'est point unique à la Langue françôise : cette charmante tissure a fixé l'attention de toutes les nations. Dans le mot latin *re ce de re* on trouve quatre *e*, le premier & le troisieme se prononcent brefs, le second & le dernier se prononcent longs ; & cela en vûe de diversifier les sons, & de ne faire pas usage deux fois de suite du même son.

De cette réflexion il est aisé de reconnoître la supériorité de la Langue françôise sur les autres langues, parce qu'elle est plus riche & plus abondante en sons. Elle est la derniere des langues que les hommes ont creé, & c'est en cela même qu'il n'est point surprenant qu'elle excelle par-dessus toutes les autres : ses createurs ayant eu l'avantage de l'exemple, & le pouvoir d'enchèrir, en en trelaſſant dans la Langue françôiſe ce que les autres Langues ont de beau & de ſéduiſant, & la prèſervant de ce qu'elles ont de dèfectueux.

SECONDE IMPERFECTION.

LA ſeconde imperfection de la Langue françôiſe, eſt l'impoſſibilité actuelle d'en trouver la juſte prononciation par l'ècriture, qui devroit être neanmoins l'image de la parole. Cette vérité qui n'eſt que trop connue du national & de l'ètranger, ſera ſolidement dèmontrée dans tout le cours de cet ouvrage.

Nous nous bornons à rapporter ici qu'il eſt de nos voyelles pour la prononciation, comme des nottes pour la muſique & le plein-chant. Ces dernieres ſont pour indiquer les tons : & les voyelles ſimples ou doubles indiquent les ſons. On peut apprendre un air & le chanter exactement ſans connòitre les nottes ; mais on ne peut ſans en connòitre la valeur, chanter à livre ouvert. Nous parlons notre langue par routine ; notre prononciation ne s'eſt appriſe que par la tradition : ſi cette tradition eſt infidèle, ſi elle varie, & ſi elle n'eſt pas univoque, quelle ſera donc notre bouſſole dans ces rencontres,

finon la valeur de nos voyelles fimples ;
ou doubles ? La connòiffance en eft im-
portante ; pour l'aquèrir on a compofé la
differtation des deux *e* làtins , celle des
cinq *e* françòis , & le traité de la valeur
de nos diphtongues.

On y dèvoile des principes folides : à
leur moyen on améne au poffible l'im-
poffibilité actuelle , fans toucher à l'ortographe des lettres : en forte qu'à quelques mots près , l'ètranger & le national
auront par l'ècriture la clef de la prononciation françôife.

La prononciation fe manifefte en deux
façons, ou par l'ècriture , ou par les accens. Pour la dècouvrir par l'ècriture , il
faut qu'il n'y entre précifément que les
lettres qui fe doivent prononcer. C'eft ce
qui ne fe rencontre en aucune langue ;
ainfi elles ont toutes befoin d'être accentuées de fignes indicatifs de prononciation ;   particulierement où l'ècriture fe
trouve furchargée de lettres qui ne fe
prononcent point , & dans les endroits où
elles changent de fon. Cette régularité ne
s'eft obfervée en aucune langue : la plûpart
des premiers manufcrits, foit hèbreux, foit
grecs , foit latins, fe trouvent ècrits de
fuite , fans virgules , fans accents , &
fouvent fans points.

La Langue françôiſe, qui plus que toutes les autres langues, eſt ſurchargée de
lettres, & qui en change les ſons, n'a aucun ſigne indicatif de ceux qui doivent
être ſubſtitués aux ſons des caractéres
écrits : & dans ſon origine, à l'imitation
des autres langues, on n'y a fait aucun
uſage d'accens ; ce n'eſt que depuis un
ſiècle que l'on a commencé à en introduire.

Mais cette premiere introduction de
virgules, de points, & d'accens qui peu
à peu ſe ſont accrus au nombre où nous
les voyons aujourd'hui, ne ſont aucune-
ment aſſortis pour indiquer la prononciation : la plûpart ne ſervent qu'à marquer des pauſes & des repos pour la fa-
cilité du lecteur ; à l'égard de la prononciation, ces accens mal placés la rendent ſi équivoque, qu'au lieu de la faciliter, ils n'occaſionnent qu'embarras &
confuſion : & cela au point, que nos plus
fameux Auteurs ont donné en de tels
écarts, qu'ils ont dèfiguré l'ortographe,
& établi de faux principes de prononciation.

Si ces maitres ont èté induits en er-
reur, quels ſeront dorènavant les guides
de ceux qui ne connôiſſent les principes ni les régles de la Langue, puiſqu'en

françois les traces des Auteurs de réputation font poids & loi ?

Ce n'eſt donc plus à l'autorité que l'on doit s'en tenir, lorſque les Auteurs ſont contraires en faits ; mais il faut chercher le reméde dans le mal même, & ſcruter attentivement quels ont pû être les motifs des créateurs de la Langue françôiſe dans l'inſtitution de différens caractéres de voyelles unies enſemble dans une ſyllabe : leſquels en partie n'ont été inventés que pour déſigner des ſons oppoſés à ceux que ces caractéres doivent naturellement indiquer.

C'eſt préciſément le but que l'on s'eſt propoſé dans cet ouvrage : c'eſt un eſſai à la faveur duquel on ſe flatte d'éclaircir bien des doutes, de lever beaucoup de difficultés, & de donner à la Langue françôiſe le nouveau dègré de perfection, qui eſt d'en pouvoir trouver la prononciation par l'écriture.

De ce préambule, & de ce qui va être diſcuté, l'on doit ingénument convenir, que pour être jugé dans la Langue françôiſe, le goût ſeul & le bon ſens ne ſuffiſent plus. Cela étoit bon dans un premier établiſſement, comme avant celui des loix, où le bon ſens ſuffiſoit pour rendre la juſtice ; mais depuis que les loix ſont ètablies, le bon sens a cessé d’être une preuve suffisante pour exercer les fonctions de juge : il faut avoir ètudié, & être en ètat dé piquér la loi. Il en est de même aujourd’hui pour la Langue françôise, elle a dès principes & des régles ; le goût seul avec le bon sens ne suffisent plus pour en être juge : il faut savoir les régles ; il faut être en ètat de piquer la loi.

DISSERTATION

Sur l'E latin.

LE s consonnes devant prendre le son des voyelles qui leur sont unies pour former une syllabe, il faut nècessairement savoir en combien de façons les voyelles se peuvent prononcer. Dans la Langue latine les voyelles se prononcent en deux manieres, ou longues ou brèves. En françois, les quatre voyelles *a i o u* ne se prononcent pas autrement : mais comme la voyelle *e* se prononce en françois en plus de deux façons ; c'est pourquoi nous avons jugé qu'il ètoit absolument nècessaire de faire une dissertation sur l'*e* latin, afin de montrer que nous avons en françois la prononciation des deux *e* latins, ce que nos Grammairiens n'ont pas reconnu.

Le premier *e* latin se prononce long. *Exem... do ce bam.* La prononciation de cet *e* rèpond à celle de la premiere & derniere syllabe des deux mots françois *cé* dons & pronon *cé*, que nous apellons *e* fermé.

Le second *e* latin se prononce bref.

Exem... *au* geo, *ab fti* ne *o* : cet *e* se prononce de même en françois dans ces deux
mots ge *ant* & fai *ne* ant.

L'*e* fermé latin, eu égard à la quantité, est tantôt long, & d'autres fois bref :
en *do ce re*, le premier *e* est long, & le
dernier est bref; mais la prononciation
est la même, l'un & l'autre se prononce
long.

L'*e* bref latin, eu égard à la quantité, est long en certains mots ; il est bref
en d'autres... en *di le xi*, *di e i* il est long ...
en *fi de i* il est bref : cependant les uns &
les autres se prononcent de même, c'est-
à-dire, brefs; d'où il résulte qu'en latin
la prononciation est différente de la quantité; que souvent ce font deux choses op-
posées, & que dans cette langue on ne
distingue pas toujours dans l'écriture ni
dans la prononciation, ce qui est différent en quantité; comme on le peut voir
dans tous les mots latins terminés en *a*,
lesquels font presque tous brefs en quantité, quoique longs en prononciation...
Exem... *tem* pla, *argumen ta*, *brevi a* ;
lon ga.

Anciennement il n'en étoit pas ainsi :
les mots qui devoient être prononcés
longs, s'écrivoient différemment de ceux
qui devoient se prononcer brefs. *Exem*...

lego à l'indicatif s'ècrivoit par un *e* fimple : il recevoit deux *e* au prétérit pour indiquer qu'il ètoit long... *le e gi.* On ob-
fervoit la même chofe dans les fyllabes
homonimes des autres mots ; de forte qu'il
feroit impoffible de lire aujourd'hui les anciens manufcrits latins, fans en avoir la
clef. Avant Quintilien on avoit déja introduit la rèforme dans l'ortographe latine ; on y a travaillé depuis, ce n'a èté
que par dègrés que s'eft ècrit le latin tel
qu'il fe voit à préfent.

Les favans qui ont travaillé à la rèforme des lettres, & qui ont mis le latin dans la netteté où il fe trouve, font
tombés dans les mêmes inconvéniens que
les auteurs de la Langue françôife, c'eft-
à-dire, n'ayant qu'un feul caractére de
voyelle pour deux prononciations diffèrentes ; ils n'ont point ètabli de fignes diftinctifs ; en forte qu'il eft aifé de s'y mèprendre. Ces rèformateurs fe font con-
tentés de marquer en certains mots la
quantité & non la prononciation. *Exem...
do cè re, e gé re, di té xi, di é i* : cependant les deux premiers *e* fe prononcent
longs ; & les deux derniers, quoi qu'accentués de même, fe prononcent brefs :
ils ont donc oublié d'ètablir des fignes
diftinctifs de prononciation, lefquels fans

contredit étoient plus nècessaires que ceux
de quantité , surtout pour les personnes
qui n'ont point ètudié le latin ; car dans
le mot *re ce de re*, aucun *e* n'étant accentué, qui peut deviner que le premier &
le troisieme se prononcent brefs, & les
deux autres longs ?

Ceux qui n'ont pas la clef des accens,
sont portés à croire que les voyelles mar-
quées du même accent, ne doivent pas
être prononcées différemment : la présomption est en leur faveur. A quoi donc
ne se trouvent pas exposés les Chantres &
les Religieuses, qui sans avoir ètudié le
latin, le chantent & le lisent en public ?

Les maitres de pleinchant ont encore
mis des accens sur les mots qui ont plus
de deux syllabes, afin de marquer un repos & non la quantité ; comme sur la premiere de *dó mi nus*. Mais je ne parlerai
pas de cet accent qui ne regarde que le
pleinchant aujourd'hui, & qui marquoit
chez les Latins le coup ou l'apui qui se
doit faire sentir au dèpart de la voix dans
les polisyllabes.

Revenons à la prononciation latine,
& voyons par quel moyen on la pouroit
fixer. Rien n'est plus aisé, en convenant de
marquer tous les *e* fermés d'un accent
aigu au milieu des mots seulement, le-

quel ferviroit uniquement à fixer la prononciation, & non à régler la quantité :
on laifferoit le foin de la chercher dans
les régles ètablies à cet effet.

J'ai dit les *e* fermés au commencement & au milieu des mots feulement ;
parce que les *e* finals font tous fermés
fans exception, & ils ne fe prononcent
jamais fur l'*e* bref : ainfi cela dit une fois,
il feroit inutile de multiplier des accens
dans les endroits où l'on ne fe peut mèprendre. Tous les *e* qui ne feroient pas accentués au commencement & au milieu
des mots, fe prononceroient brefs.

Que l'on en faffe autant fur les voyelles *a i o u* en les accentuant d'un accent
àigu, lorfque les voyelles feront longues
dans la prononciation au commencement
ou au milieu d'un mot, quoique brèves
en quantité , nous aurons la prononciation du latin fixée à jamais : il eft encore
tems d'en ètablir l'ufage. Ceux qui fa-
vent les variations que le latin a reçues
en differens fiècles, & cela en vue de
butter toujours au mieux, ne feront pas
èloignés de cet ètabliffement pour fixer ce
qui eft encore incertain.

Cela eft fi exactement dèmontré, qu'on
peut dire avec affurance qu'il eft fans rèplique. Mais il ne faut pas fe borner à

ctoire que cette differtation regarde précifément la prononciation du latin ; elle
s'étend encore à celle du françois, qui
n'eft chimerique ni un être de raifon,
puifqu'elle a une exiftence reelle & indè-
pendante.

C'eft pourquoi l'on s'eft trompé lorfqu'on a établi pour régle générale que
tous les e fermés françois font brefs. Nos
e fermés fe prononcent comme les e des
Latins, dans la feconde & derniere fyllabe des mots fuivans, *do ce re*, *ter re re*,
fa ye re, &c. d'où il réfulte qu'ils font
longs dans l'une & dans l'autre langue,
quant à la prononciation ; quoique les
e finals des Latins foient brefs en quantité : mais en françois ils font conftam-
ment longs partout, puifque la quantité
ne differe point de la prononciation.

On fe trompe encore, lorfqu'on établit pour une régle générale dans le latin
qui ne fouffre point d'exception, » que
» toute fyllabe qui finit par une confonne
» fuivie d'une autre, eft longuè ; mais en
» françois au contraire, le redoublement
» de la confonne prefque toujours avertit
» que la fyllabe eft brève. »

On auroit dû avertir qu'en latin cela
étoit vrai en quantité feulement, & non
en prononciation, comme on en peut ju-

ger par les fyllabes de ces mots latins fur les cinq voyelles … *affa tus*, *effe*, *vidiffe*, *offa*, *fuccurfus*. Les fyllabes de ces cinq voyelles qui finiffent par une confonne fuivie d'une autre, font brèves en prononciation ; ainfi en latin comme en françòis, la regle eft génèrale & commune, c'eft-à-dire, la prononciation en eft brève.

Je penfe que c'eft encore fe tromper lorfqu'on établit que nous avons des mots douteux. Il eft vrai qu'en latin il y a des mots douteux, c'eft-à-dire, qui peuvent être employés brefs ou longs ; & cela pour la commodité du poëte ; mais en françòis, que l'on compte les pieds des vers, & qu'on ne les péfe point ; à quel propos établir des fyllabes douteufes, & d'autres plus ou moins longues ?

Parlons fincérement, ne latinifons pas trop le françòis ; & comme on a très-bien dit, que notre langue n'étoit efclave ni du grec ni du latin, convenons une bonne fois, qu'il n'y a pas en françòis de quantité autre que la prononciation ; par conféquent rien de douteux, foit par nature, foit par pofition ; mais que toutes les fyllabes font longues ou brèves.

Lorfqu'on veut parler de la quantité, il faut recourir à la Langue latine qui en traite

traite, & qui ne reconnoit point de demi-
longues ni de demi-brèves : elle reconnoit qu'un mot peut être employé de
l'une ou de l'autre maniere ; mais quant
à la prononciation, elle est toujours longue ou brève ; ainsi la division en demi-
longues & en demi-brèves, est une production nouvelle, sans apui, sans principes, & sans utilité : cette production
ne peut qu'enfanter de nouvelles difficultés, & brouiller la prononciation d'une
langue au lieu de l'éclaircir ; elle est chi-
mèrique, c'est un être sans existence.

On avance encore que les noms qui
sont brefs au singulier, sont longs à prononcer au pluriel... *Exem...* alma *năc*,
săc, doivent se prononcer au pluriel,
alma *nācs*, *sācs*. On peut demander sur
quoi l'on se fonde, & où se trouve ce principe : cette nouveauté mérite d'être exa-
minée, d'autant plus qu'elle suscite de
nouvelles difficultés au lieu de les diminuer. Jusqu'ici on a reconnu que l'ortographe des mots ètoit différente dans les
deux nombres ; mais personne ne s'est
avisé d'ètablir qu'elle produisoit de differens sons.

Nous avons une preuve contraire à ce
nouveau sentiment ; puisque les articles
pour dècliner, & les pronoms personnels

pour conjuguer font établis en partie pour-
diftinguer le fingulier du pluriel. Voici
la raifon & la caufe telles que les Anciens
les rapportent ; c'eft, difent-ils, parce que
les noms & les verbes ont *le même fon* au
fingulier qu'au pluriel : ainfi devenons
confèquens , & avouons ingènuement,
que la *maifon parfaite* & les maifons parfaites . . . *un batiment parfait* & les bati-
mens parfaits . . . que *j'aime* & *qu'ils ai-*
ment . . . que *j'habitois* & *qu'ils habitoient .*
&c. avouons , dis-je , que ces mots ont
un même fon , & qu'ils n'ont d'autres
fignes diftinctifs , que l'article & le pro-
nom qui font différens dans les deux nombres.

Ce qu'on avance ici eft fondé en principes ; on peut y joindre l'autorité des Poëtes & des Grammairiens , qui reconnoif-
fent unanimement , que les fons des mots
au fingulier font les mêmes au pluriel ;
mais cependant que jufqu'ici on n'a pas
eu la liberté de faire rimer un fingulier
avec un pluriel , quoiqu'ègaux en fons. *

On ètablit encore que *an , en , in , on ,*
un , font des voyelles : pour apuyer ce fif-
téme , on fait revivre l'autorité de deux
morts. Voici comme on penfe en Pro-
vince.

* Vaugelas dans fes Remarques , & d'autres

Dans toutes les langues on ne reconnoit que cinq voyelles ; en reconnoitre dix dans la françôife, c'eft lui donner un ridicule, c'eft expofer notre langue à être dècriée ; c'eft accréditer le préjugé de ceux, qui fans l'avoir ètudiée, croyent fermement qu'elle n'a ni principes ni régles , & qu'elle eft dans une agitation continuelle de perplèxité & d'inconftance.

Si l'on eût eu la clef de la dècouverte des cent foixante & dix confonnes , on auroit facilement reconnu que les cinq voyelles prètenduës ne font que la colonne fimple *na ne ni no nu* prife à rebour : que ce ne font que cinq confonnes placées après la voyelle , dont la prononciation eft nazale, ou voçale. Ces confonnes font nazales lorfqu'elles ne fe prononcent pas fortement , comme dans l'adjectif *in conftant* , *in on an* , s'y prononcent foiblement ; au lieu que la prononciation eft vocale dans les particules latines *in* , *an* & *non*.

Dans la crainte que le préjugé de ces voyelles prètenduës n'ait pris faveur , & fait impreffion , il n'y a qu'une opération à faire : c'eft de rapporter des mots où il y ait une *s* entre ces fyllabes & une voyelle , & obferver fi elle prend le fon du *z* ; parce que c'eft une régle

générale en françois & en latin, que la
confonne *s* placée feule entre deux voyelles prend le fon du *z*. Pour agir en con-
féquence rapportons des mots latins....
manfio, *menfura*, *infolitus*, *confola-
tio*... joignons-en des françois...*anfe*,
menfonge, *infolent*, *confolant*, il eft
conftant que dans ces mots de l'une & de
l'autre langue, la confonne *s* ne prend
pas le fon du *z*. N'en a-t-on pas rapporté
après la fyllabe *un*, c'eft qu'il ne s'en
trouve point en latin ni en françois.

Si l'on nous objecte que *eu* & *ou* font
des fons fimples, par ainfi qu'il y a plus
de cinq voyelles en françois, & que *an*,
en, *in*, *on*, *un* peuvent être de vraies
voyelles auffi... à cela je reponds que la
diphtongue *ou*, qui ne fe trouve écrite
par deux caracteres que par les françois,
ne vaut que l'*u* fimple des autres nations... *eu* eft un fon fimple en latin &
en françois; c'eft encore une modifica-
tion de la voyelle *e*. Au refte, ces deux
fons fimples font marqués par deux
caractères de voyelles; au lieu que per-
fonne n'a reconnu pour voyelle une confonne jointe à une voyelle.

DISSERTATION

Sur les cinq E françòis.

LEs voyelles n'ètant dans les mots que pour donner le son aux consonnes, il n'y en a point de plus frèquentes que l'*e*. Cette voyelle fait la plus grande difficulté de la prononciation françôise, parce qu'elle entre presque dans tous les mots, & qu'elle a quatte sons differens, sans comprendre l'*e* muet qui ne se prononce point : d'où il résulte, que n'ayant qu'un seul caractére pour ècrire les cinq *e*, il n'est pas aisé de les distinguer, & qu'on se peut facilement mèprendre.

Tous ceux qui ont traité de la Langue françôise n'ont reconnu que trois *e*, le fermé, l'ouvert & le muet : en quoi ils se trompent ; car il y en a encore deux qui sont l'*e* bref & l'*e* françois, dont la connoissance est aussi nècessaire que celle des trois autres, puisqu'ils ont un son particulier & different : c'est ce qu'il s'agit de dèmontrer.

L'*e* bref des Latin qui se trouve dans

la seconde syllabe des mots suivans pris
de cette langue . . . *e ge o com me a tus ,
li ne atus* , *do c⍵o* , *pa re o*, ne se prononce
pas sur l'*e* ouvert françois , comme dans
jamais & *portrait* : il ne se prononce pas
sur l'*e* fermé , comme dans bon *té* , ai-
mé, annon *cé* ; il n'est pas muet non plus,
d'où il suit que l'*e* bref des Latins a un
son différent des *e* ouverts & fermés.

Or nous avons dans notre langue un
e qui se prononce comme l'*e* bref des Latins . . . *Exem.* . . . ge ant , *the* atre , mal *se*-
ant , fai *ne* ant , a *gre* able , desa *gre* a-
ble , *&c.* une régle générale en latin ,
est , que toutes les syllabes qui finissent
par un *e* suivi d'une syllabe qui commence par une voyelle , l'*e* se prononce
bref. Dans tous les mots rapportés ci-
dessus ; la syllabe finit par un *e* suivi
d'une voyelle , lequel se prononce comme
en latin ; d'où il résulte évidemment que
nous avons en françois un troisieme *e*,
dont le son est différent de l'ouvert &
du fermé.

Nous en avons encore un autre dont
la prononciation est différente de l'ouvert , du fermé & du bref latin . . . . . .
Exem. . . . . . gue, non les *te* ment , for *te*-
ment , *re* mettre , *re* cuire , *de* meure ,
re luire , *&c.* c'est l'*e*, que j'ai nommé

françois, parce qu'il n'est d'aucun usage dans les autres langues : d'où je conclus que nous avons quatre *e* qui ont quatre sons différens ; & un cinquieme qui est muet, comme dans la seconde syllabe de re *ve* nir, & dans les six mots suivans *ce que je ne me re* mets pas ; de ces six mots nous prononçons trois *e* , nous en mangeons autant : ceux qui se prononcent ont un son différent des *e* ouverts des fermés & des brefs ; par conséquent nous avons quatre *e* en françois , qui se prononcent différemment.

A ces quatre *e* on pourroit encore en ajouter un qui a un son particulier & différent des autres ; c'est le son indiqué par la diphtongue *eu* . . . *Exem. eux, ceux, jeu, feu*; mais comme le son de cet *e* est représenté par deux caracteres , il est inutile de le joindre aux autres pour en augmenter le nombre qui est suffisamment multiplié : on en parlera dans le traité des diphtongues.

L'*e* bref des Latins est d'un grand usage dans notre langue ; il la rend coulante, roulante ; il en fait la délicatesse & la vivacité. Si on le bannissoit de la Langue françoise , & qu'on le prononçât sur l'e ouvert, ou sur l'e fermé , notre langue deviendroit languissante & trainante ;

elle perdroit cette gentilleſſe & cette vivacité qui la rendent ſupérieure aux autres langues.

Nous reprochons aux nations du Nord
de prononcer beaucoup du goſier; & le
françòis en prononçant l'*e* bref ſur l'ouvert, il en tireroit non-ſeulement le ſon
du goſier, mais il le prendroit d'une partie inférieure; il en formeroit le ſon de
la poitrine, & les poumons en ſouffri-
roient; car nous n'avons point de lettres
plus génantes à prononcer que l'*e* ouvert,
ſurtout au commencement & à la fin d'un
mot : la poitrine travaille, & le poumon
ſouffre.

Ajoutons à cela, que les *e* ouverts &
les *e* fermés rendent une langue trainante, languiſſante, & lui ôtent la vivacité,
ce qui forme deux ècueils qu'il faut èviter : l'un eſt incommode, & l'autre deſa-
gréable; ainſi il ne faut pas trop multiplier ces deux *e*. Nous devons à cet égard
imiter les Latins, qui prèférent la belle
prononciation à la quantité, ſacrifiant
cette derniere à la premiere, comme on
l'a montré.

Si nos Grammairiens s'èlévent coutre
le reproche, de n'avoir pas, connus en
notre langue, l'*e* bref latin; qu'ils con-
viennent au moins qu'ils l'ont confondu

avec l'*e* ouvert, qu'ils l'ont appellé du même nom, & qu'ils n'en ont pas fait une claſſe à part.

S'ils ſe récrient encore ſur ce qu'on leur reproche de n'avoir pas connu l'*e* françòis, qu'ils avouent ingénument l'avoir confondu avec l'*e* muet, l'avoir appellé du même nom, & n'en avoir pas fait une claſſe à part.

C'eſt donc pour bannir la confuſion, & pour donner un plus grand éclairciſ-ſement, que nous allons rapporter les cinq *e* de notre langue écrits par un ſeul caractére, en ſuivant l'ordre qu'on a tenu dans l'introduction pour lire en françòis. Ils ſeront accentués de l'accent indicatif du ſon qu'ils doivent prendre. Cette nouveauté d'accentuer nos *e*, eſt pour ſervir de montre au projet que nous croyons devoir inſinuer ici ; qu'il con-viendroit de les accentuer à l'avenir, afin d'introduire plus de netteté dans notre ortographe, & afin de faciliter tant à l'étranger qu'au national, les pronon-ciations différentes d'un ſeul caractére de voyelle.

L'uſage eſt déja introduit d'accentuer la plûpart des *e* qui ſe prononcent, & de n'accentuer pas l'*e* françòis ni l'*e* muet ; ainſi ce que nous inſinuons ne doit pas revolter, puifqu'il ne s'agit que de rectifier, & de ne mettre pas le même accent fur des *e* qui fe prononcent différemment.

Nous trouvons dans les dictionnaires les mots fuivans accentués du même accent... *pré* fet, *pré* face, *ré* ta blir... *pré* dication, *pré* ferer, *ré* fidence; tandis que l'*e* des trois premiers mots fe prononce bref, & celui des trois derniers fe prononce fermé : il ne s'agit donc que de mettre un accent grave fur l'*e* bref, un aigu fur l'*e* fermé, & un circonflexe fur l'*e* ouvert. Au refte chacun en penfera ce qu'il lui plaira. Comme ce projet ne butte qu'au bien, qu'à la plus grande règularité, & qu'il eft même nèceffaire pour attraper la jufte prononciation, nous allons montrer comment on le peut exécuter.

Premier E.

Le premier *e* fe nommera fermé; il fera marqué d'un accent aigu, comme bon *té*, ferme *té*, ai *mé*. Les diphtongues qui devront prendre le fon de l'*e* fermé, en prendront l'accent, comme j'ai *mái*, je chan *tái*.

Second *E.*

Le second *e* se nommera bref, il sera accentué de l'accent grave... *Exem...* rè tablir, *prè* sence, *prè* face. Les diphtongues qui devront prendre le son de l'e bref en prendront l'accent... *Exem...* es *sài*, *ràì* sin, nè *tòy* er, fran *çòis*, po-lo *nòis*, *fòi* blesse.

Troisieme *E.*

Le troisieme *e* se nommera françois; il ne sera pas accentué... *Exem...* re-*ve* nir, les *te* ment.

Quatrieme *E.*

Le quatrieme se nommera ouvert; il recevra l'accent circonflexe... *Exem...* la *mêr.* Les diphtongues en *ai* qui se doivent prononcer sur l'e ouvert ne seront pas accentuées. Mais les diphtongues en *oi*, qui designeront l'e ouvert, seront accentuées de l'accent circonflexe.. *Exem..* fôi ble, *rôi* de, fran *çôi* se, an *glôi* se, &c. L'e ouvert est ainsi nommé, parce que naturellement on ouvre plus la bouche pour l'articuler que pour prononcer les au-tres : mais, il ne faut pas trop ou-

vrir la bouche pour l'articuler. Il a un
ſon mitoyen entre l'*e* & l'*a*, il tient même
plus de l'*e* fermé que de l'e bref ; car on
feroit mieux rimer *portrait* avec *montré*
qu'avec *montroit*.

Cinquieme E.

Le cinquieme *e* ſe nomme muet ;
comme il ne ſe prononce point, il ne
ſera pas accentué.... *Exem*... *reve* nir :
le premier *e* qui ſe pronnonce eſt l'e françòis, le ſecond qui ne ſe prononce point
eſt l'e muet.

Ici l'on peut demander : Quelle eſt la
regle pour connoitre l'e françòis d'avec
l'*e* muet, puiſque l'un & l'autre ne ſont
marqués d'aucun ſigne ? A quoi on rèpond : lorſqu'il n'y a qu'un *e* non accentué au commencement ou au milieu
d'un mot, l'uſage ſeul enſeigne s'il eſt
muet. Quant à celui qui formeroit la
premiere ſyllabe d'un mot, ſi rien ne
le prècéde, il n'eſt pas ordinairement
muet...*Exem*... *de* meurez - là...
& s'il eſt prècédé d'un mot il peut de-
venir muet... comme ma *de* meure, prononcez ma *dm* eure. L'e françòis qui eſt
deſagreable à prononcer, il le faut faire
muet autant qu'il eſt poſſible, & qu'il ſe

peut èlider...*Exem*...en gran *de* ment il eſt muet : & en leſ *te* ment il ſe prononce.

S'il y a deux *e* accentués terminant chacun une ſyllabe , on en prononce toujours un, & l'autre eſt muet. S'il s'en trouve en plus grande quantité , & que le nombre ſoit pair ; on en mange autant que l'on en prononce. S'ils ſe trouvent en nombre impair, comme trois , on en mange un , & on en prononce deux... *Exem*... *ne re ve* nez pas. On apprend par l'uſage ceux qui ſe doivent prononcer , & celui qui ſe doit èlider , il faut conſulter l'oreille.

Tous les *e* finals non accentués ſont muets... *Exem*... pe *re*, me *re*, *patrie*, a *mie*. Les *e* finals quoique terminés par une *s* ſont muets, s'ils ne ſont pas accentués... *Exem*... pe *res*, me *res*... Tous ceux qui ſont ſuivis d'un *z* ſe prononcent fermés... *Exem*... vous ai *mez*, vous li *fez* ; c'eſt pourquoi ils ne reçoivent jamais d'accent avec cette conſonne : au lieu qu'il faudroit les accentuer ſi l'on ècrivoit ces mots avec une *s* à la place du *z*, comme vous li *fés*, vous chantés, &c.

Si l'on ne goûte point le projet de mettre des accens ſur les *e*, qui doivent prendre différens ſons , ce n'eſt pas f ute d'utilité ? Nous montrerons de plus dans le Traité des diphtongues qu'il y a nècessité, à moins que de faire de la prononciation françôise une ènigme triste, perpétuelle & ridicule.

TRAITÉ DES DIPHTONGUES.

LA plus grande difficulté dans toutes sortes de Langues, mais encore plus dans la françôise, est la prononciation des diphtongues, qui sont deux ou trois voyelles jointes ensemble dans une même syllabe... *Exem*... *j'ai mois* : ce mot est composé de deux syllabes, & chaque syllabe l'est d'une diphtongue. Quelquefois il se trouve trois voyelles ensemble, on n'en prononce que deux... *Exem*... *Cieux*, on supprime l'*u*, & on ne prononce que l'*i* & l'*e* françòis. Dans certaines syllabes on n'en prononce qu'une... *Exem*... *changeons*, on ne prononce que l'*o*. Dans certaines syllabes composées de trois voyelles, on ne prononce aucune des trois; mais on prononce une voyelle qui n'est point ècrite... *Exem*... *marteau*, les voyelles *e*, *a*, *u*, se suppriment, & on ne prononce qu'un *o* long, mar *to*. C'est pourquoi nous avons en

françois comme en latin des diphtongues
de trois espèces : de prononciation , de
demi-prononciation , & d'ècriture.

On apelle diphtongues de prononciation, celles dont on entend le son de deux
voyelles ; quoique ce ne soit pas toujours celui des voyelles ècrites : car il
arrive que ce son double ou composé est
formé d'une voyelle ècrite , & en partie d'une qui n'est pas ècrite ; mais ce
son double n'est pas moins indiqué par
les voyelles ècrites. . . *Exem*. . . *Roi* ,
moi , on n'entend pas le son de l'*i* , on
entend celui de l'*o* & de l'*e* bref qui n'est
pas ècrit.

Diphtongues de demi-prononciation,
ce sont celles dont on n'entend le son que
d'une voyelle. . .*Exem*. .. *plêi* ne, *Reî* ne,
peî ne, on ne prononce que l'*e* ouvert, on
supprime la voyelle *i* , qui n'est ècrite que
pour indiquer dans ces mots l'*e* ouvert :
& dans d'autres l'*e* bref , comme en-
sei gne , è *tei* gne , *meil* leur , *sei* gneur ;
sans cependant avoir accompagné ces
diphtongues d'aucun signe indicatif de
l'*e* qui se doit prononcer.

Diphtongues d'ècriture , ce sont celles qui ne se prononcent point ; mais
à leur lieu & place on prononce une
voyelle qui n'est pas ècrite...*Exem*...ba-

teau, mar *teau*, on ne prononce qu'un ô long, mar *to*, ba *to*.

Nous avons des Grammairiens qui ne donnent le nom de diphtongues, qu'à celles dont on entend le ſon de deux voyelles, & qui nomment diphtongues fauſſes celles de demi - prononciation & d'ècriture. Ces Grammairiens exactes & sèvéres n'ont conſidèré la diphtongue, que ſelon ſon ètimologie & ſa ſignification : ils ne l'ont point enviſagée ſelon ſon inſtitution.

Les latins ont nommé diphtongues, deux voyelles unies dans une même ſyllabe ; ſoit qu'elles rendiſſent un ſon double, ou un ſimple. Celles qui ne rendent qu'un ſon ſimple, ils les ont inſtituées pour marquer la quantité d'une ſyllabe longue, qui ſeroit brève ſi elle ètoit ècrite par un ſeul caractere de voyelle... *Exem*... coe *lum*, mu *ſae*. Ainſi deux voyelles jointes enſemble qui ne rendent pas un ſon double, ſont indifferemment nommées diphtongues. Elles ne ſont pas à la vérité diphtongues de ſignification ; mais elles ſont diphtongues d'inſtitution ; c'eſt - à - dire, elles ont été inſtituées pour indiquer la prononciation longue d'un ſon ſimple. Les latins ont reconnu huit diphtongues en leur langue, & cependant il n'y en a que trois dont on puisse entendre un son double, qui sont *ua*, *ue*, *ui*. Celles qui sont en *ae*, *au*, *eu*, *ae* & *uo* ne rendent qu'un son simple.

Les françois à la place des voyelles *au* prononcent un *o* long, dont le son est plus agreable que celui des latins & des nations ètrangéres, qui prononcent d'une façon desagreable cette diphtongue, comme dans la premiere syllabe du mot *au* dio. Si on pouvoit ècrire ou peindre les sons, la diphtongue *au*, prononcée & articulée à la façon des latins & des ètrangers, reprèsenteroit le son que rend la voix d'un chien de chasse lorsqu'il lance à vûe.

Pour qu'une diphtongue forme un son double, il faut que ce son puisse ètre articulé d'un coup, & d'une seule voix, sans faire de repos sur la premiere voyelle; c'est pourquoi, en françois comme en latin, aucune diphtongue de prononciation ne peut commencer par les trois voyelles *a*, *e*, *o*: il faut qu'elles commencent par *i*, *u*, ou par les deux voyelles *ou* qui indiquent en françois un son simple. Aussi a-t-on dit dans le petit livre d'introduction pour lire en françois, que les diphtongues *oa* & *oe*, lorsqu'elles ètoient diphtongues de prononciation, s'articuloient comme si elles ètoient ècrites *oua* & *ouè*. Car pour en faire des diphtongues de prononciation, il ne faut point faire de repos sur *ou*, comme dans *ou* ir. C'est une question controversée entre les Grammairiens de savoir, si l'on peut prononcer *oa*, *oe*, sans dire *oua*, *oue*, peu importe de l'aprofondir, toujours est-il vrai de dire, que pour rendre *oua* diphtongue de prononciation, il faut l'articuler d'une seule voix, sans faire de repos sur *ou*.

De-là nous ètablissons pour régle générale, que dans tous les mots où l'on trouvera une diphtongue qui commence par une des trois voyelles *a*, *e*, *o*, elle sera diphtongue de demi-prononciation, ou d'ècriture. On excepte neanmoius *oa* & *oe*, qui seront diphtongues de prononciation, lorsqu'on devra les prononcer comme *oua* & *oue*.

Il y a trente-deux diphtongues dans la Langue françôise. Savoir, douze de prononciation... deux pour indiquer un son simple... six douteuses... huit de demi-prononciation... & quatre d'ècriture.

Avant que de les rapporter chacune dans leur classe, il est à propos d'observer, que nous avons deux diphtongues de prononciation ècrites avec un seul caractere de voyelle, lequel est précédé des deux consonnes *gn* & *ll*... Exem... *gna*, *gne*, *gni*, *gno*, *gnu*, que nous prononçons en françois *gnia*, *gnie*, *gnii*, *gnio*, *gniu* : on entend distinctement le son de l'*i* avec celui des autres voyelles, quoique l'*i* ne soit point écrit. Il travail *la*, il a travail *lé*, il a bouil *li*, nous travail *lons*, feuil *lure*. Nous prononçons ces mots comme s'ils étoient écrits travail *lia*, travail *lié*, bouil*lii*, travail*lions*, feuil *liure*. Cette remarque est contre ceux qui soutiennent, qu'il n'y a point de diphtongues qui ne soient écrites par deux caracteres de voyelles.

Diphtongues de prononciation.

EN françois il y a douze diphtongues de prononciation.

IA... Fia-cre, Dia-ble.

IAU... se prononce comme *io*, biau piau-tre, *lisez* bio pio-tre.

IE... Cette diphtongue se prononce de deux façons.

Premierement dans les mots terminés en *yé*, & en *iere*, elle se prononce sur l'*e* fermé... Exem.. En-voyé, em-ployez, broy-ez, bie-re, pie-re.

Dans les mots fuivans , *mien* , *tien* , *viens* , *mienne* , *vienne* , *Fief* , *miel* , & dans les autres mots de femblable terminaifon elle fe prononce fur l'*e* bref.

Secondement, elle fe prononce d'une façon finguliere dans les mots terminés en *yié*... *Exem.*. En-voyiez , em-ployiez. Elle fe prononce de même dans les mots terminés en *ié* , comme s'il y avoit deux *ii* devant l'*e*.. *Exem.*. Pi-*tié* , ami-*tié* , poi-*rier* , pom-*mier* , mer-*cier*.

IEU... L'*u* ne fe prononce point , on ne prononce que l'*i* & l'*e* françois.. *Exem.* Dieu , mieux , lieu.

IO... Il faut faire prononcer *ion* , par-ce que cette diphtongue eft toujours fuivie de la confonne *n* & jamais d'autres... *Exem.*. Man-g*ions* , ai-m*ions* , ma-r*ion*.

OE.... Cette diphtongue fe prononce fur l'*e* bref *oè*.... *Exem.*. Cœffe , bœte , pœle dans la fignification de fourneau de la chambre où il eft , & d'un drap précieux.

Il y a des Auteurs qui écrivent *boette* par la diphtongue *oi* , *boite* , & même dans les Dictionaires d'ortographe , ils foutiennent que c'eft ainfi que l'on doit écrire. En quoi ils fe trompent , par-ce que tous les noms en *oi* , dont la derniere fyllabe eft terminée par un *e*

muet, se prononcent tous comme *oua*...
Exem... *Moi* ne , An *toi* ne , *voi* le ,
toi le. Excepté *foi* ble , *roi* de , fran *çoi* se ,
&c. qui se prononcent sur l'e ouvert. Et
comme *boette* de même que *coeffe* se prononcent sur l'e bref , nos Anciens les ont
écrits par *oe*. Et si on les écrit par *oi* , il
faudra prononcer *coaffe* & *boate* suivant
la regle générale. Comme on ne peut
toucher à l'ortographe , lorsque ce changement en opére un dans la prononciation , mal à propos écrit-on *boite*.

J'ai dit que la regle étoit générale pour
les *noms* , parce que les verbes retien-
nent à l'indicatif la prononciation de l'in-
finitif , comme *boiter* , qui se prononce
à l'indicatif *je boite* , tu *boites* , il *boite* ,
sur l'e bref , quoique terminé par un e
muet.

Mal à propos prononce-t-on les mots
en *oi* , suivis d'une syllabe terminée par
un e muet , sur l'e fermé , comme *poire* ,
que le peuple de Paris prononce *poére*.
Aucune diphtongue en *oe* , *oi* , *oué* ne
se prononce sur l'e fermé. Elles se prononcent toutes sur l'e bref , ou sur l'a ,
comme *oua* , *poua* re , & non *poé* re ni
boé re , mais *boa* re ou *boua* re.

OI... Cette diphtongue terminant un
mot , se prononce sur l'e bref , comme

oè... Roi, moi, toi, loi... *lifez Roè,
moè, toè, loè.*

Si elle ne termine pas un mot, mais
qu'il y ait une *r* après, on la prononce
comme *oa* ou *oua*.. *Exem.*. voir, pouvoir, *lifez voar*, pouvoar.

Si elle termine une fyllabe dans un
mot, elle fe prononce en certains mots
comme *oè*.. *Exem.*. Poi-fon, *poif-fon,
lifez poè-fon, poef-fon:* elle fe prononce
en d'autres mots comme *oa*.. *Exem.*.
Poi-lon, *moi*-lon, *lifez poa-lon, moa-lon,*
C'eft aux Maitres à indiquer ces differen-
tes articulations en prononçant *oè* ou *oua,*

OUE... Cette diphtongue fe prononce
comme *oè* fur l'*e* bref, & *oè* comme *ouè,*
Exem.. Couet, couette, couenne.

On a dit que la diphtongue *oè* fe pro-
nonçoit comme *ouè*, parce que plufieurs
prètendent que l'on ne peut articuler une
diphtongue de l'*o* avant une voyelle,
qu'au moyen du fon fimple *ou*. Comme
nos anciens ont écrit *oè* & *ouè*, cela marque qu'ils étoient partagés en fentimens
fur cette articulation.

OUI... Mot affirmatif, fe prononce
comme il eft écrit.

UE... E-cue-le.

UI... Lui, étui, puits.

Diphtongues qui indiquent un son simple.

EU, nous obferverons dabord que cette diphtongue indique un fon fim- ple... *Exem...* *eu* ropeen, *heu* re, *leur*, *meu* ble, &c. mais elle ne fe prononce pas de même partout. Dans certains mots on ne prononce que l'*e* françois... *Exem...* *meu* bler, *peu* ple, *peu* pler. Dans d'au- tres, on ne prononce que l'*u*... *Exem...* j'ai *eu*, j'*eus*, *feur*, *meur*, adj. *meur*, fruit. On ècrit à préfent ces trois der- niers mots par un *û* fimple accentué de l'accent circonflèxe. On n'a cependant marqué cette diphtongue d'aucun figne qui indique ces trois prononciations diffè- rentes, il n'eft pas même poffible de le faire avec nos accens.

OU, cette diphtongue ne reçoit au- cune altèration, elle fe prononce par- tout, comme dans *vous*, *nous*, *tout*. Le fon que rend cette diphtongue en notre lan- gue, eft femblable à celui que rend l'*u* fimple des latins & des autres nations; c'eft pourquoi on ne trouve aucun mot latin ècrit avec ces deux caracteres.

Ici l'on peut demander; des nations ètrangéres, ou de la françôife, quelle

eſt celle qui prononce mieux la voyelle *u*?
A quoi nous rèpondons, c'eſt la françôiſe : la preuve eſt dèmonſtrative &
ſans rèplique ; il eſt de l'eſſence de la
voyelle de rendre un ſon ſimple, ſans
le mèlange de celui d'aucune autre let-
tre ; or le ſon de l'*u* françôis aproche
plus de cette ſimplicité de ſon, par
conſèquent il eſt plus exact & plus conforme à la nature de la voyelle ; car
tu & *du* dans la bouche d'un françôis,
ſont deux mots qui ont un ſon différent
de *tout* & *doux*, dont le ſon eſt plus com-
poſé & moins ſimple que *tu* & *du*.

De cette digreſſion, paſſons à une autre non moins intèreſſante que la que-
ſtion. C'eſt la reunion de la nation allemande à la françôiſe, & celle de la françôiſe à l'allemande au ſujet de la voyelle *u*. Les allemands prononcent en pluſieurs mots la voyelle *u* à la françôiſe, & les
françôis en pluſieurs mots latins prononcent cette voyelle à l'allemande. *Exem...*
qua *re*, lin *gua*, lin *guas*, lin *gua* rum,
E *qua* teur, a *qua* tique. Tous ces mots ſont
ècrits par un *u* ſimple ; les françôis cependant les prononcent comme s'ils ètoient
ècrits par la diphtongue *ou* : & en lin *guæ*
& lin *guis*, *qui*, & *quæ*, & *quis*, ils prononcent différemment la voyelle *u*. Les al.
lemands

lemands prononcent l'*u* à la françôife dans la premiere fyllabe des deux mots *quibel* & *quelf* : en leur rendant neanmoins juftice fur l'exactitude de leur ortographe au fujet des différens fons de la voyelle *u* ; car ils ècrivent les mots où ils prononcent l'*u* à la françôife avec un double *w* ; lequel dèfigne un fon différent de celui de l'*u* fimple. Peu de françois & peu d'allemands ont reconnu cette intelligence réciproque de prononciation ; mais peu à peu l'on fe raproche.

Diphtongues douteufes.

ON appelle ces diphtongues douteufes, à caufe des Auteurs qui font partagés en fentimens. Les uns prètendent que l'on n'entend pas le fon de l'*i*, mais feulement celui des voyelles *a e o* avec la confonne *l*. Comme on ne peut la prononcer mouillée fans faire entendre le fon de l'*i*, j'aimerois mieux dire que *i* après *a e o* ne peut fe faire entendre qu'ètant joint à *l*.

Ail   *eille*   *il*
Bail, maille, veille, gril, vetille ;
oïlle,   *ouil.*
oïlle, fenouil, grenouille.

C

euil.

Deuil, œil & œillet se prononcent comme *deuil* sur l'e françois.

Des Diphtongues de demi-prononciation.

TOutes les diphtongues de prononciation doivent commencer par les voyelles *i* & *u*; ainsi toutes celles qui commencent par *a e o* sont diphtongues de demi-prononciation ou d'écriture, excepté *oa oe* & *oi*, lorsqu'on les prononce comme *oua* & *ouè*, qui sont diphtongues de prononciation. Il y a en françois huit diphtongues de demi-prononciation.

Ae. Caen, nom propre d'une Ville de France écrit avec cette diphtongue, on ne prononce que l'*a*, *Caen* ville de Normandie, *lisez Can.* S'il se trouve d'autres mots françois écrits avec cette diphtongue, on ne prononce que l'e comme en latin, & on supprime la voyelle *a*.. *Exem..* *Ægide*, *œ-giptiac*, *lisez é-gide, é-giptiac.*

Ao. Cette diphtongue ne se trouve que dans trois mots, on supprime l'*o* & on ne prononce que l'*a*.. *Faon. Paon, Laon, Fan, Pan, Lan;* ce dernier est un nom de Saint.

Ei. Cette diphtongue étant suivie de la consonne *l*, on en a parlé à l'article des diphtongues douteuses,

Lorſque cette diphtongue eſt ſuivie d'une *m* ou d'une *n* dans une même ſyllabe, on prononce l'*e* avec l'*n* nazale. Exem. Reims, plein. L'*i* eſt ècrit pour indiquer que la voyelle *e* ne prend pas le ſon de l'*a* quoiqu'elle ſoit jointe à *n* & *m*.

Remarquez que *en* & *in* ſe prononcent de même, le ſon de l'*e* prèvaut dans *in* qui ſe prononce comme le mot latin *ens*, & *inſpiro* comme *enſpiro*. En françois *ingrat* ſe prononce *engrat*, car on ne fait ſentir le ſon de l'*i* ſuivi de la conſonne *n* que devant une ſyllabe qui commence par une *n* ou par une voyelle, ou par une *h* non aſpirée, & cela en latin comme en françois. Exem. Innatus, inauguratio inhabilis. Inné inauguration inhabile. Par tout ailleurs *in* ſuivi d'une ſyllabe qui commence par une conſonne, ſe prononce comme dans *ens* avec l'*n* nazale, & cela par les François ſeulement, car les autres Nations prononcent toujours l'*n* vocale en latin.

Si cette diphtongue termine une ſyllabe, on prononce l'*e* ouvert, ou le bref; l'*i* n'eſt ècrit que pour indiquer un *e* qui ſe prononce, & qui n'eſt pas l'*e* françois ni l'*e* muet. Exem. Reine, peine, dans ces deux mots l'*e* eſt ouvert, & dans *Seigneur* & *meil*-leur il eſt bref.

Eo. Cette diphtongue ne s'employe qu'avec la consonne g qui la précede, on ne prononce que l'*o*, la voyelle *e* est seulement écrite pour indiquer le son doux du g avant l'*o*.. *Exem*.. Plon *geon*, bour-*geon*, man-*geons*. On prononce ces mots comme s'ils étoient écrits plon-*jon*, bour-*jon*, man-*jon*.

Eoi. Cette diphtongue ne s'employe comme la précédente qu'avec le *g* qui la précede. Dans les noms elle est diphtongue de prononciation, on prononce *oè* ou *ouè* sur l'*e* bref. La voyelle *e* ne se trouvant écrite que pour indiquer le son doux du g avec l'*o*.. *Exem*.. Bour-*geois*, *lisez* bour-*joué*.

Dans les verbes elle est diphtongue de demi prononciation, on prononce le **g** doux sur l'*e* bref, tant au pluriel qu'au singulier, quoique cette diphtongue soit écrite au pluriel avec quatre voyelles.. *Exem*.. Il man-*geoit*, ils man-*geoient*, prononcez dans les deux nombres man-*gé* sur l'*e* bref.

Oeu. En certains mots est diphtongue de demi-prononciation, on ne prononce ni l'*o* ni l'*u* mais on prononce l'*e* françois, tant au singulier qu'au pluriel.. *Exem*.. *œuf*, *bœuf*, *mœuf*; dans les deux premiers mots on ne prononce pas la confonne *f* au pluriel, on la prononce dans le dernier.

Cette diphtongue en d'autres mots ne défigne que le fon fimple *eu*, dont on a donné des exemples à l'article des fons fimples écrits par deux voyelles, *pag.* 47.

Ue. N'eft diphtongue de prononciation que dans le feul mot è-*cue*-le. Par tout ailleurs elle eft diphtongue de demi-prononciation : elle eft toujours précedée d'une des trois confonnes *c g q*; on ne prononce que l'*e* bref ou l'*e* françois; la voyelle *u* eft feulement écrite pour indiquer un fon dur que ces trois confonnes doivent prendre avec l'*e*.. *Exem.. quel guérir que* non *que*; les deux premiers mots fe prononcent fur l'*e* bref, les deux derniers fur l'*e* françois; comme cette diphtongue n'eft marquée d'aucun figne qui indique le fon de l'*e* qu'elle doit prendre, c'eft aux Maîtres à y fuppléer.

Cette diphtongue en certains mots eft augmentée de la voyelle *i* fuivie de la confonne *l* dans la même fyllabe, on en a parlé à l'article des diphtongues douteufes, *pag.* 49.

Ui. Diphtongue de prononciation & de demi-prononciation, n'étant marquée d'aucun figne qui indique fi elle eft diphtongue de prononciation, comme dans ai-*gui*-fer , ou de demi-prononciation, comme dans *gui*-der, c'eſt aux Maitres à l'indiquer.

Lorſqu'elle eſt diphtongue de demi-prononciation, elle eſt toujours prècédée du g ou du *q*, & la voyelle *u* qui ne ſe prononce pas, eſt ècrite pour indiquer un ſon dur que ces deux conſonnes prennent avec l'*i*.. *Exem*.. A-*qui*-taine, *gui*-der *gui*-don.

Diphtongues d'ècriture.

A I... Par tout où cette diphtongue n'eſt pas ſuivie de la conſonne *l* dans la même ſyllabe, elle eſt diphtongue d'ècriture, & elle indique un des trois *e* ſuivans, ou le fermé, comme dans *j'ai-mái*, ou le bref, comme dans *ai*-gu, ou l'ouvert, comme dans ja-*mais*. Ainſi cette diphtongue ne peut reprèſenter l'*e* fran-çois ni l'*e* muet par conſèquent.

AY ... eſt une diphongue d'ècriture qui indique toujours un *e* bref, l'*y* grec vaut deux *i i*, dont le ſecond appartient à la ſyllabe ſuivante .. *Exem*..*ay*-ons, *ray*-ons , èquivaut à ai-ions & à rai-ion.

AÏ ... Pluſieurs ſe ſervent de l'*i* mar-qué de deux points pour l'*y* grec. Alors il faut faire uſage de *aï* comme d'*ay*, mais ils ſe trompent ; car l'*ï* marqué de deux points eſt un *ï* trema qui ne vaut pas deux *i i* ; il indique ſeulement que l'*ï* marqué de deux points fait une ſyllabe à part de l'*a*... *Exem*... ha-ï-ra.

AU & EAU... Ces deux diphongues indiquent un *a* long... *Exem*... au-jour-d'hui ſe prononce o-jourd'hui : ba-*teau*, mar-*teau*, *liſez* ba-*to*, mar-*to*.

OI... Lorſque ces deux voyelles ne ſont pas diphtongues de prononciation, elles indiquent ou l'*e* ouvert ou l'*e* bref... *Exem*.. *foi*-ble eſt un *e* ouvert : *foi*-bleſſe, chan-*toit* ou chan-*toient* ſont des *e* brefs.

OY ne ſe prononce pas de même : j'en-voyois, *liſez* j'en-voi-iois : la premiere ſyllabe ſe prononce *ouè*, & la ſeconde *iè*, parce que *y* grec au milieu d'un mot vaut deux *ii*.

MOTIFS

Qui ont engagé les auteurs de la Langue françôiſe, d'ètablir une partie des diphtongues.

NOus avons en françois la voyelle *e* qui a quatre ſons diffèrens, ou-tre l'*e* féminin qui ne ſe prononce point.

N'ayant qu'un caractére pour ces quatre fons différens, & pour l'*e* féminin, la difette de divers caractéres pour indiquer la pronociation des quatre *e* & pour dèfigner celui qui ne fe prononce point, n'embaraffa pas peu les auteurs de la Langue françôife. S'ils euffent eu recours aux accens, ils auroient paré à tous ces inconvéniens, en marquant l'*e* fermé d'un accent áigu... l'*e* bref d'un accent grave... l'*e* ouvert d'un accent circonflexe.... & tous les *e* non accentués auroient èté ou françòis ou muets. Ces createurs de notre langue ne l'ayant pas fait, ils ont imaginé un autre expédient, qui a èté d'établir des diphtongues pour y fuppleer; mais ils n'ont pas aplani les difficultés : puifque le reméde fe trouve auffi embaraffant que le mal, en ce qu'il y a des diphtongues ècrites avec les mêmes caractéres , lefquelles fe prononcent différemment , & d'autres ècrites avec différens caractéres , lefquelles fe prononcent de même : fans avoir ètabli aucun figne indicatif de la prononciation que doivent prendre ces diphtongues.

Ainfi ces createurs & auteurs de diphtongues n'ont reuffi qu'en un point, qui eft que la diphtongue ne dèfigne jamais

un *è* françòis, ni un *e* muet. C'eſt pourquoi *fdi* ſons ne peut s'ècrire *ſe* ſons ,
comme il ſe trouve ècrit aux deux nombres de l'imparfait du verbe *faire* dans
la Grammaire de M. Reſtaut, qui en fait
un *e* muet , contre l'inſtitution de cette
diphtongue , laquelle indique à l'imparfait de l'indicatif un *e* bref. . . *je fdi-*
ſois. . . & comme l'*e* eſt muet au futur
de l'indicatif, & au premier imparfait du
ſubjonctif, on les ècrit par un *e* ſimple. . .
je *ſe* rai , je *ſe* rois.

Les auteurs des diphtongues d'indi-
cation, ne les ayant accompagnées d'aucun ſigne qui dènote lequel de nos *e* doit
être prononcé , cela peut à l'avenir ai-
ſément ſe réparer , en les accentuant de
l'accent de l'*e* dont elles doivent prendre le
ſon : c'eſt ce qui ſe verra à la fin de l'article ſuivant.

De la valeur des Diphtongues ai & oi.

L A diphtongue *ai* n'ètant pas ſuivie
d'une *l* eſt diphtongue d'ècriture :
on ne prononce aucune des voyelles ècrites , mais on prononce un des trois *e*
ſuivans , ou l'*e* fermé , ou l'ouvert , ou
le bref. . . *Exem.* . . je chan *tai*, cette

diphtongue se prononce sur l'*e* fermé... ?
dans *mais* & por *trait* elle se prononce
sur l'*e* ouvert... & dans *ray* on elle se
prononce sur l'*e* bref. Ce qui fait trois
sons opposés dont cette diphtongue est
susceptible, sans être neanmoins accom-
pagnée d'aucun signe pour les indiquer.

Voyons maintenant si la diphtongue
oi doit se prononcer comme la diphtongue *ai*, & si on ne l'a établie que
pour former les mêmes sons.

La présomption est en faveur de la
négative ; parce que ces deux diphtongues ètant ècrites diffèremment, on peut
conclûre avec fondement que cela s'est
fait pour leur faire prendre des sons
diffèrens. De la présomption venons au
fait, & examinons scrupuleusement le
vrai, & si cette diffèrence est fondée en
principes.

Le but de nos Anciens a ètè de creer
une langue proportionnée au génie d'une
nation vive. Aprèt l'*e* muet, il n'en est
point qui y rèponde mieux que celui qui
se prononce comme l'*e* bref latin, surtout à la fin d'un mot. C'est pourquoi
nos Anciens ont institué la diphtongue
oi, qu'ils ont ècrite à la fin des mots,
afin d'avertir que lorsqu'elle ne se prononce pas en plein, comme dans *Roi*

& moi, elle doit prendre le fon de l'*e* bref ; au lieu que les mots terminés en *ai* prennent tous le fon de l'*e* fermé ou de l'ouvert.

De-là je conclus qu'il n'eft point indifférent d'ècrire la finale des imparfaits, tant de l'indicatif que du fubjonctif, avec la diphtongue *ai*, à la place de la diphtongue *oi* : non plus que les noms terminés. par cette diphtongue, tels que fran *çòis* & polo *nòis*, comme le font M. de Voltaire & fes fectateurs ; & cela mal à propos, & contre les principes de la langue : n'ètant pas permis de toucher à l'ortographe, lorfque ce changement en opére un dans la prononciation.

Il ne faut point être furpris de cette nouveauté de M. de Voltaire ; car après avoir trouvé la raifon, que cherche un Poete ? Des rimes : & pour en avoir en profufion, il a effayé d'ècrire les imparfaits par la diphtongue *ai*, bien perfuadé qu'il ètoit, de pouvoir faire rimer la finale des imparfaits avec la finale des noms terminés en *ai*... comme *portrait* avec *montrait*, au lieu de *montroit*. On répètera feulement en paffant que l'*e* ouvert approche plus du fon de l'*e* fermé que du bref, & qu'il feroit plus tolérable de faire rimer *portrait* avec *montré* qu'avec *montroit*.　　C vj

Si les trois perſonnes ſingulieres des imparfaits s'ècrivoient avec la diphtongue *ai* , comme j'ai *mais* , tu ai *mais* , il ai *mait* , il faudroit prononcer deux *e* ouverts de ſuite , ce qui occaſioneroit une prononciation monſtrueuſe ? Et c'eſt préciſément ce que nos Anciens ont prètendu èviter , en ècrivant la finale des imparfaits avec la diphtongue *oi* ; afin de ne pas rencontrer dans le même mot le choc de deux *e* ouverts. D'où il rèſulte que ces deux diphtongues n'ont pas ètè ètablies pour former les mêmes ſons.

Nous poſons donc pour principe conſtant , que tous les mots terminés par la diphtongue *oi* , lorſqu'elle ne ſe prononce pas en plein , doivent ſe prononcer ſur l'*e* bref , dont les conſonnes qui la prècedent pour former une ſyllabe avec elle en prendront le ſon. . . *Exem.* . . j'ai-*mois* , la premiere ſyllabe ſe. prononce comme la premiere du mot latin *Je ſus* : & la derniere comme *me us* : la derniere de fran çòis ſe prononce comme la ſeconde de *do ce o* ; & la finale de polo *nòis* comme la ſeconde ſyllabe de *te ne o.*

Cette prononciation conforme au gènie vif du françòis fait l'agrément de ſa langue , lequel conſiſte en une prononciation courte ; de façon qu'en cerrains mots, d'une syllabe composée de sept lettres on n'en prononce qu'une... *Exem*... ils man *geoient*, on ne prononce des sept lettres de la derniere syllabe que le *g* sur l'*e* bref, comme on le prononce dans la seconde syllabe du mot *au ge o :* ainsi pour faire lire la derniere syllabe de man *geoient*, il suffit de dire à un enfant de prononcer le *g* sur l'*e* bref, sans èpeler, comme du passé, sept lettres pour n'en prononcer qu'une.

Si toutes les syllabes des mots terminés par la diphtongue *oi*, lorsqu'elle ne se prononce pas en plein, prennent le son de l'*e* bref ; il n'en est pas de même lorsque cette diphtongue termine une syllabe au commencement ou au milieu d'un mot. Dans quelques-uns elles se prononcent sur l'*e* ouvert... *Exem*... *fôible*, *rôi* de, fran *çôise*, polo *nôise*, an *glôise*. Cette diphtongue qui se prononce sur l'*e* bref à la fin des adjectifs masculins, se prononce sur l'*e* ouvert dans les adjectifs féminins. Pour marquer cette diffèrence, on auroit passé à M. de Voltaire de les ècrire par *ai* au féminin ; mais il est inexcusable d'en avoir changé l'ortographe au masculin. Comme cependant il y a une regle génèrale, qui dit, que cette diphtongue se prononce sur l'*e*

ouvert dans les adjectifs féminins , &
dans deux masculins ; & que dailleurs
on les peut accentuer de l'accent circonflèxe , qui dèsigne un *e* ouvert , ce
feroit une complàisance mal placée de
permettre d'en changer l'ortographe.

De tout ce qui vient d'ètre dit , il rè-
fulte , qu'une même diphtongue fe prononce diffèremment, & que deux diphtongues diffèrentes fe prononcent de même ;
fans les avoir accompagnées d'aucun figne pour en indiquer la prononciation.
Cette partie de la Langue françôife a
ètè la plus nègligée ; tandis que le re-
mede eft facile à appliquer fi l'on ètoit
d'accord : c'eft ce qu'il s'agit de faire voir.

MOYENS FACILES

Pour indiquer la prononciation françôife.

ARTICLE I.

De la Diphtongue ai.

CEtte diphtongue n'ètant pas fuivie
d'une *l* dans la même fyllabe, indique prefque toujours le fon de l'e ouvert , tant à la fin d'un mot , qu'à la fin

d'une syllabe, quand elle n'est pas suivie
d'une voyelle dans le mot. ... *Exem.* ... *ja-*
mais , por *trait* , rai son , *fai* re , af-
fai re , &c. Cette regle étant génèrale ,
il ne s'agit que d'accentuer cette diphtongue dans les mots où elle s'écarte de
la regle , & dans lesquels il la faut prononcer sur l'*e* bref , ou sur l'*e* fermé. ...
Exem. ... r*ài* sonner , es s*ài* , f*ài* sons :
ces mots se prononcent sur l'*e* bref , &
sont accentués en consèquence de l'accent grave , lequel indique le son de l'*e*
bref. . . je chan t*ái* , j'ai m*ái* , la derniere syllabe de ces mots se prononce
sur l'*e* fermé , & la diphtongue est accentuée de l'accent *ái*gu , lequel indique
le son de l'*e* fermé.

Cette diphtongue terminant une syllabe dans un mot , se prononce toujours sur l'*e* bref , lorsque la syllabe suivante du même mot commence par une
voyelle. ... *Exem.* ... *ray* on , es *say* ons.
Cette regle ne souffrant point d'exception,
il paroit inutile d'accentuer la diphtongue. . . l'*y* grec dans ces mots indique
deux *i i,* dont le premier fait une diphtongue avec l'*a* , & le second sert à la syllabe suivante. . . Il y a des Auteurs qui
se servent dans ces mots d'un *ï* marqué de deux points à la place de l'*y* grec;

mais ils se trompent : c'est pourquoi il
faut écrire pa *ien*, ba *io* nette, ca *ier* avec
un *i* marqué d'un point ; de même que
les mots pris du grec, comme ga *iac*,
sans quoi l'on prononceroit la premiere
syllabe de ces mots sur l'*e* bref, comme
payer *pé yer* : où l'on en feroit des mots
d'une syllabe de plus, comme ha *ï* ra.

ARTICLE II.

De la Diphtongue oi.

Cette diphtongue dans les mots où elle
se prononce en plein, ne doit point être
accentuée, parce qu'elle y est diphtongue de prononciation... *Exem... Roi*,
moi, *voi* r, *poi* re. Dans ceux où elle ne
se prononce pas en plein, elle est diphtongue d'écriture, ainsi elle doit y être
accentuée de l'accent de l'*e*, dont elle doit
prendre le son. Lorsqu'elle devra se prononcer sur l'*e* ouvert, elle sera accentuée
de l'accent circonflèxe... *Exem...* f*ôi*-
ble, r*ôi* de, fran ç*ôi*se, an gl*ôi*se... &
lorsqu'elle devra se prononcer sur l'*e*
bref, elle sera accentuée de l'accent
grave... *Exem...* f*òi* blesse, fran ç*òi*s,
polo n*òi*s, fr*òi*d, dr*òi*t, adj. con n*òi* tre,
cr*òi* tre, n*òy* er, nè t*òy* er, pa r*òi* tre,

il ne sera pas nècessaire de l'accentuer aux trois personnes singulieres des imparfaits de l'indicatif & du subjonctif, ni à la troisieme personne de leur pluriel : ce seroit multiplier les accens sans nècessité ; parce qu'il y a une regle gènèrale, qui ensèigne que cette diphtongue doit s'y prononcer sur l'*e* bref. . . On observera que *oi* ètant diphtongue d'ècriture, elle n'indique que l'*e* ouvert ou l'*e* bref, & jamais l'*e* fermé.

Pour ce qui est des accens de nos *e* employés comme voyelle simple, on a marqué à leur article la façon de les accentuer ; nous ajouterons seulement ici, qu'il est inutile d'accentuer ceux qui terminent une syllable dans un mot lorsque la suivante commence par une voyelle. *Exem*. . . . *ge* ant, fai *ne* ant : ce seroit multiplier les accens sans nècessité, parce qu'il y a une regle générale qui ne souffre point d'exception, laquelle ensèigne, que toute voyelle terminant une syllabe dans un mot, se prononce brève, lorsque la syllabe suivante commence par une voyelle. On excepte neanmoins les participes féminins terminés par deux *ée*, dont la pénultieme est toujours accentuée. *Exem*. . . . favori *sée*, cr *ée*, sans quoi *on liroit* cree.

Une autre imperfection de notre langue, eſt de n'avoir accentué d'aucun ſigne les autres diphtongues, qui quoiqu'écrites avec les mêmes caractères, ſont en certains mots diphtongues de prononciation, & en d'autres elles ſont diphtongues de demi-prononciation... *Exem*... ài *gui* ſer eſt diphtongue de prononciation... & *gui* der, quoi qu'écrit de même, eſt diphtongue de demi prononciation : la voyelle *u* qui ne s'y prononce pas, marque bien que le *g* doit ſe prononcer dur avec l'*i* ; mais on n'a pas établi de ſigne pour indiquer quand elles ſont diphtongues de prononciation ou de demi-prononciation : on pouroit accentuer *gùi* der d'un accent grave, qui indiqueroit une diphtongue de demi prononciation : & lorſque la même diphongue ne ſeroit point accentuée, comme ài *gui* ſer, il s'en ſuivroit qu'elle eſt diphtongue de prononciation.

Il y a encore des diphtongues de demi-prononciation écrites avec les mêmes caractères, leſquelles ſe prononcent ſur differens *e*.. *Exem*.. *gue* non, *gue* rir : en accentuant *gué* rir d'un accent grave, on ſauroit que cette diphtongue ſe doit prononcer ſur l'*e* bref ; & l'*e* de *gué* non n'étant pas accentué, on ſauroit que c'eſt un *e* françòis.

Quelques-uns pouront contrôler cette
nouvelle ortographe d'accens, & reprè-
fenter que nos livres s'en trouvant trop
hèriſſés, la vuë en feroit choquée : à
cela on rèpond, que cette multiplicité
d'accens ne tomberoit que fur peu de
diphtongues ; car la plûpart de nos e,
quoique diffèrens en fon, fe trouvent
déja accentués de l'accent àigu : il ne
s'agiroit que de changer l'accent, & d'en
mettre des àigus où l'e doit ſe prononcer fermé, & des graves où l'e fe doit
prononcer bref : ainſi, fans rien changer à l'ortographe des lettres, on ver-
roit des guides fûrs de prononciation.
L'invention en feroit également utile au
national & à l'ètranger : la vuë ne feroit bleſſée de ces accens qu'autant
qu'elle eſt accoutumée à n'en voir pas
fur nos diphtongues ; mais à la fuite les
yeux s'y feroient, comme ils fe font
à l'ortographe des Hèbreux, & à celle
des Allemands : ces derniers ayant marqué d'un figne les voyelles dures lorſqu'elles doivent prendre un fon doux.
À ce moyen on trouveroit de la régle &
de l'exactitude dans une langue où il n'y
a que du captieux & de la confuſion. Au
refte, la Langue françôife n'eſt point
à fa perfection ; tous les jours on tra-

vaille à la perfectionner ; ce projet ne
tendant qu'à ce but, personne n'en doit
être revolté.

Ajoutons que ce projet a un mérite
particulier ; parce qu'il opére merveilleu-
fement, en ce qu'il indique la prononciation françôife fans toucher à l'ortographe des lettres, laquelle eft miftérieufe
dans notre langue ; car quoiqu'il y ait
beaucoup de lettres qui ne fe prononcent point, elles ne laiffent pas d'être
utiles, foit pour articuler les finales dans
le difcours grave, foit pour donner des
pieds & de la rime à la poëfie, foit pour
indiquer la prononciation des confonnes, & celles des voyelles longues ou
brèves... *Exem... affez*, la premiere
f ne fe prononce point : elle eft cependant écrite à deux fins ; la premiere, parce que s'il n'y avoit qu'une *f*, fe trouvant
feule entre deux voyelles elle prendroit
le fon du *z*. La feconde raifon, eft pour
indiquer que la voyelle *a* fe prononce
brève, rélativement à une régle prefque génèrale en françois comme en latin ; qu'une fyllabe finiffant par une confonne fe prononce brève, fi la fyllabe
fuivante commence par une confonne ;
& quoi qu'en latin elle foit longue en
quantité, elle eft neanmoins brève en

prononciation . . . . *homme rài fonne* . . . . ces deux mots s'ècrivent par deux confonnes quoiqu'on n'en prononce qu'une, & cela pour indiquer que la voyelle *o* fe prononce brève.

Ainfi, il faut bien fe garder de toucher à l'ortographe d'une langue qui renferme des lettres miftérieufes, que peu de gens connoiffent, mais dont ils fe peuvent inftruire. Il y a cependant dans notre ortographe certaines lettres ècrites fans aucune vuë miftérieufe, parce qu'elles n'indiquent rien : celles-là étant fuperfluës, on peut impunément les mettre à la rèforme . . . *Exem.* . . . . *qu'un*, *qu'une*, *vui* der, *vui* dange, & d'autres femblables dont le redoublement de l'*u* devient inutile, on peut ècrire *qu'un*, *qu'ne*, *vi* der, *vi* dange, fans changer la prononciation, & fans diminuer le nombre des fyllabes . . . tous les mots ècrits par un *y* grec ne faifant pas les fonctions de deux *ii*, peuvent s'ècrire par un *i* fimple . *Exem.* . *fil* labe, *fif* tème, *mif* térieux, &c. En latin, ils s'ècrivent par *y* : on l'a confervé en françois.

Mais à l'égard des réformateurs ourrés de l'ortographe françôife, qui voudroient qu'on ècrivît comme on parle, & qu'il n'entrât dans l'ècriture que les lettres qui se prononcent ; que peut-on penser des auteurs de ce sistême ? & qu'en arriveroit-il ? Que ce sont des gens paresseux qui ne veulent point faire l'è-tude de leur langue. Quant aux effets, les voici : il faudroit bannir de l'ècriture l'*e* muet, parce qu'il ne se prononce point : ainsi nos Poëtes ne pouvant plus faire de vers féminins, nous n'aurions doresnavant que des vers masculins. Un autre inconvenient, qui n'est pas moindre que ce premier, est, que les personnes instruites dans cette nouvelle ortographe, ne pouroient lire les livres françois imprimés jusqu'à prèsent : la lecture leur en seroit presque autant impossible, qu'il est impossible aux ètrangers qui ècrivent comme ils prononcent, de pouvoir lire le françois sans en avoir la clef ; nos livres cependant sont un trèsor dont on ne se peut absolument passer.

Les Auteurs de l'Enciclopedie ne sont gueres mieux fondés sur l'augmentation des lettres de l'alphabet, lorsqu'ils insinuent que n'ayant pas assez de caractères, il faudroit les multiplier, & en fabriquer d'une nouvelle invention, & en aussi grand nombre qu'une voyelle est susceptible de sons. Cette augmen-

ration de différens caractères de voyelles feroit prefque autant nèceffaire en
latin qu'en françois. Reconnoiffons qu'il
n'y a point de langue qui n'ait fes inconvéniens ; parce que les hommes en
ètant les auteurs ils ne peuvent en faire
de parfaites, la perfection ètant réfer-
vée au feul Createur, & non à la crea-
ture. Pour parer à tous ces inconvéniens,
fans toucher à l'ortographe, c'eft d'accentuer les *e*, & les diphtongues de l'accent indicatif du fon que les uns & les
autres doivent prendre ; c'eft encore d'è-
tudier les régles de l'ortographe, & celles de la prononciation françôife, & de
donner une intelligence complette de
cette derniere aux jeunes gens lorfqu'ils
apprennent à lire : on peut leur préfen-
ter après le traité des diphtongues, celui qui traite de chaque confonne en
particulier.

De tout ce qui vient d'être dit & dif-
cuté, reconnoiffons les vrais & folides
principes de la profodie ou prononciation françôife au fujet des fyllabes longues & brèves ; qu'il eft impoffible d'en
traiter exactement fans avoir la connoif-
fance des cinq *e* françôis, fans avoir celle
de la valeur de nos diphtongues, & des
différens fons dont elles font fufcepti-

bles : comment parvenir à cette connòisfance fans les anatomifer ! C'eft pour y atteindre que l'on a compofé la differtation fur les deux *e* latins, celle fur les cinq *e* françôis, & le traité des diphtongues.

Ajoutons-y la dècouverte des cent foixante & dix confonnes, l'ufage des voyelles qui ne doivent point être èpellées pour enfeigner à lire, non plus que les confonnes du nom qu'elles ont dans l'alphabet ; enfin l'ordre que l'on a tenu dans la compofition de l'alphabet ; puifque faute de ces connoiffances, la plûpart des ouvrages fur la Langue françôife font imparfaits, ou portent à faux.

C'eft à quoi les favans qui font profeffion de l'ètude de la Langue françôife font invités de prèter attention, en les priant de fe dèpartir de tous préjugés ; & ufant de la liberté permife à chacun de propofer fes doutes, j'expofe des réflèxions qui n'ont pour but que l'utilité publique & l'avancement de la jeuneffe.

F I N.

L'Approbation de ce petit livre, & le Privilége d'impreffion fe trouvent dans le Rudiment François de la premiere Claffe.